Nossa Senhora Desatadora dos Nós

História e novena

Frei Zeca

Nossa Senhora Desatadora dos Nós

História e novena

Paulinas

Citações bíblicas: Bíblia Sagrada – tradução da CNBB, 2. ed., 2002.

Editora responsável: Celina Weschenfelder
Equipe editorial

10ª edição – 2011
10ª reimpressão – 2025

Nenhuma parte desta obra poderá ser reproduzida ou transmitida por qualquer forma e/ou quaisquer meios (eletrônico ou mecânico, incluindo fotocópia e gravação) ou arquivada em qualquer sistema ou banco de dados sem permissão escrita da Editora. Direitos reservados.

Cadastre-se e receba nossas informações
paulinas.com.br
Telemarketing e SAC: 0800-7010081

Paulinas

Rua Dona Inácia Uchoa, 62
04110-020 – São Paulo – SP (Brasil)
📞 (11) 2125-3500
✉ editora@paulinas.com.br
© Pia Sociedade Filhas de São Paulo – São Paulo, 2002

Introdução

Todos conhecemos a força da canção: "Pelas estradas da vida, nunca sozinho estás, contigo pelo caminho Santa Maria vai", pois nos ajuda a entender Maria como Mãe sempre presente, peregrina conosco. É por esse seu caminhar ao nosso lado, carregando na face as cores, matizes e dores de todos os rostos e raças, que constatamos a cada dia o crescimento do número de devotos de Nossa Senhora. Mas, por tantas aflições pelas quais passam os povos de todos os continentes, ela recebeu mais um título e tornou-se conhecida e amada como a "Desatadora dos Nós" da vida.

Na passagem do Evangelho que relata as bodas de Caná, contemplamos Maria desatando o nó na vida do jovem casal que enfrentaria o problema da falta de vinho.

Pela força da fé e sensibilidade espiritual, podemos escutar o eco do pedido que ela fez ao seu Filho: "Eles não têm mais vinho", e do conselho que dirigiu aos que serviam: "Fazei tudo o que ele mandar".

Mãe e Rainha, está sempre conosco, esmagando as forças do mal, consolando-nos, desatando os nós que nos prendem ao mundo, gerando em todos nós as feições do seu Filho Jesus.

Como cristãos, somos felizes por termos essa Mãe. Jesus no-la deu para que nos sintamos confortados espiritualmente com sua ternura maternal.

Que esta novena nos ajude a descobrir em nossa vida a presença solícita e amorosa de Maria, a Desatadora dos Nós.

PRIMEIRO DIA

O título e a devoção

O título e a devoção a Nossa Senhora Desatadora dos Nós encontram origem em uma pintura do artista alemão Johann Schmittdner, datada de 1700.

O painel, que mede 1,10 metro de largura por 1,82 metro de altura, encontra-se na pequena capela de St. Peter Am Perlach, na cidade de Ausburg, Alemanha. Para pintá-lo, o artista inspirou-se nos seguintes dizeres do século III: "Eva, por sua desobediência, atou o nó da desgraça para o gênero humano; Maria, por sua obediência, o desatou". Esse pensamento é de Santo Irineu, Bispo de Lyon, martirizado no ano de 202.

Maria, a nova Eva, obediente à vontade de Deus, concebe pela força do Espírito

Santo. Dá à luz o Messias, o Sol da Justiça, o Cristo Salvador. Viabiliza o projeto do Pai de redimir a humanidade.

Oração inicial

Ó Maria Desatadora dos Nós, dai-nos perseverança em nosso amor a Deus. Ensinai-nos a glorificá-lo por todas as graças que dele temos recebido e a buscá-lo com confiança nos momentos mais difíceis de nossa caminhada, contando sempre com a vossa maternal intercessão. Amém.

Leitura bíblica

"Naqueles dias, Maria partiu apressadamente, dirigindo-se a uma cidade de Judá. Ela entrou na casa de Zacarias e saudou Isabel. Quando Isabel ouviu a saudação de Maria, a criança pulou de alegria em seu ventre, e Isabel ficou repleta do Espírito Santo. Com voz forte, ela exclamou: 'Bendita és tu entre as mulheres e bendito é o fruto do teu ventre! Como mereço que a mãe do meu Senhor venha me visitar? Logo que a tua saudação ressoou nos meus ouvidos, o menino pulou de alegria no meu ventre. Feliz aquela que acreditou, pois o que lhe foi dito da parte do Senhor será cumprido!'" (Lc 1,39-45).

Reflexão

"Maria, tu és a âncora de nossa salvação, o porto de nossas vidas e o refúgio de nossas misérias" (Binched).

Oração final

"Ave, Maria, bendita de Deus, cheia de graça, Mãe de Jesus e nossa Mãe. O amor do Pai vos elegeu e vos quis como a nova Eva de ventre santo e fecundo, para nele gerar o Verbo encarnado, por obra do Espírito Santo. O Senhor fez em vós maravilhas e, por vossa obediência à vontade dele, desatastes o nó da desgraça que se abateu sobre o gênero humano, nó que foi atado pela desobediência de Eva. Pelo vosso sim, o céu e a terra se abraçaram. A esperança da salvação se fez certeza e Deus habitou entre nós."

A vós recorro, ó Virgem Maria, porque vossas mãos maternas se comprazem em desatar os nós que prendem e oprimem a vida dos vossos filhos e filhas, para vê-los mais perto do vosso Filho, abençoados e felizes.

Recebei, ó Mãe, a minha vida e contemplai, com misericórdia, quantos nós me prendem ao mundo, trazendo-me angústias e sofrimentos. São nós do passado e do presente (*apresentar os problemas – os "nós" – mais difíceis*).

Socorrei-me, ó Mãe Santíssima, pois meu ser deseja a paz que vem de Deus. Buscando o vosso auxílio, refaço o meu propósito de me empenhar em viver como uma nova criatura, que proclama a glória de Deus pelas obras da fé e do amor.

Ouvi, ó Mãe, o meu clamor! Amém!

Creio-em-Deus-Pai, Pai-Nosso, Salve-Rainha, Ave-Maria, Glória...

SEGUNDO DIA

Consoladora dos aflitos

No quadro que serve de fonte para o título dado a Maria como a Desatadora dos Nós, ela é representada como a Imaculada Conceição. Está situada entre o céu e a terra, e o Espírito Santo derrama suas luzes sobre ela.

Após a morte de Jesus, Maria foi para os apóstolos uma verdadeira mãe, que os consolou nas angústias e os fortaleceu nas perseguições.

É assim que o povo cristão tem descoberto Maria no cotidiano da vida: Mãe que consola os seus filhos, que suscita coragem em todas as lutas pela vida e pela paz, que pede oração, conversão e união nas famílias, que não chama para si, mas aponta para o Filho Jesus. É a Mãe

Imaculada, advogada nossa, auxiliadora nos momentos de perigo e aflição. Mãe de misericórdia que acolhe nossas lágrimas, nossos pedidos e os entrega a Jesus. Por intermédio dela, podemos colocar os nossos nós nas mãos de Jesus, confiantes de que nossos pedidos não se perderão.

Oração inicial

Mãe amável, rogai por nós para que sejamos bons aprendizes do coração de vosso Filho. Seja puro o nosso coração, para que vejamos a presença de Deus em todos os irmãos. Amém.

Leitura bíblica

"No terceiro dia, houve um casamento em Caná da Galileia, e a mãe de Jesus estava lá. Também Jesus e seus discípulos foram convidados para o casamento. Faltando o vinho, a mãe de Jesus lhe disse:

'Eles não têm vinho!'. Jesus lhe respondeu: 'Mulher, para que me dizes isso? A minha hora ainda não chegou'. Sua mãe disse aos que estavam servindo: 'Fazei tudo o que ele vos disser!'. Estavam ali seis talhas de pedra, de quase cem litros cada, destinadas às purificações rituais dos judeus. Jesus disse aos que estavam servindo: 'Enchei as talhas de água! [...] Agora, tirai e levai ao encarregado da festa'. [...] O encarregado da festa provou da água mudada em vinho, sem saber de onde viesse, embora os serventes que tiraram a água o soubessem. Então chamou o noivo e disse-lhe: 'Todo mundo serve primeiro o vinho bom e, quando os convidados já beberam bastante, serve o menos bom. Tu guardaste o vinho bom até agora'" (Jo 2,1-10).

Reflexão

No jardim da humanidade, Deus cultivou a mais linda de todas as flores: Maria.

Oração final

"Ave, Maria, bendita de Deus, cheia de graça, Mãe de Jesus e nossa Mãe. O amor do Pai vos elegeu e vos quis como a nova Eva de ventre santo e fecundo, para nele gerar o Verbo encarnado, por obra do Espírito Santo. O Senhor fez em vós maravilhas e, por vossa obediência à vontade dele, desatastes o nó da desgraça que se abateu sobre o gênero humano, nó que foi atado pela desobediência de Eva. Pelo vosso sim, o céu e a terra se abraçaram. A esperança da salvação se fez certeza e Deus habitou entre nós."

A vós recorro, ó Virgem Maria, porque vossas mãos maternas se comprazem em desatar os nós que prendem e oprimem a vida dos vossos filhos e filhas, para vê-los mais perto do vosso Filho, abençoados e felizes.

Recebei, ó Mãe, a minha vida e contemplai, com misericórdia, quantos nós me prendem ao mundo, trazendo-me angústias e sofrimentos. São nós do passado e do presente (*apresentar os problemas – os "nós" – mais difíceis*).

Socorrei-me, ó Mãe Santíssima, pois meu ser deseja a paz que vem de Deus. Buscando o vosso auxílio, refaço o meu propósito de empenhar-me em viver como uma nova criatura, que proclama a glória de Deus pelas obras da fé e do amor.

Ouvi, ó Mãe, o meu clamor! Amém!

Creio-em-Deus-Pai, Pai-Nosso, Salve-Rainha, Ave-Maria, Glória...

TERCEIRO DIA

Invocai o nome de Maria

Segundo o quadro baseado na visão do apóstolo João, Maria surge assim: "Apareceu no céu um grande sinal: uma mulher vestida com o sol, tendo a lua debaixo dos pés e, sobre a cabeça, uma coroa de doze estrelas" (Ap 12,1).

Na obra, destaca-se de forma marcante o manto azul de Maria. Parece estar em movimento e simboliza a glória que a reveste como Rainha no céu. Ao vê-la tão bela e gloriosa, os anjos perguntam: "Quem é esta que surge qual aurora nascente, bela como a lua, fulgurante como o sol, imponente e temível como um exército em ordem de batalha?" (cf. Ct 6).

Maria esmaga com os pés a cabeça de uma serpente, símbolo das forças do mal. Deus lhe deu o poder de vencer os demônios com a força de suas virtudes. É por isso que dela se disse e se pode dizer: "terrível como um exército em linha de batalha" (Ct 6,4b).

Se nós, cristãos, tivéssemos o cuidado de invocar com confiança o nome de Maria, não cairíamos nas tentações, "pois o demônio foge e o inferno treme ao som deste nome excelso" (Beato Alano).

Oração

Santa Mãe, Maria, desatai em nós o nó do apego aos bens deste mundo. Ensinai-nos a buscar com maior ardor os bens eternos, para que por nossos sacrifícios nos aproximemos mais de Jesus e cheguemos um dia à pátria celeste. Amém.

Leitura bíblica

"Então apareceu no céu um grande sinal: uma mulher vestida com o sol, tendo a lua debaixo dos pés e, sobre a cabeça, uma coroa de doze estrelas. Estava grávida e gritava em dores de parto, atormentada para dar à luz. Então apareceu outro sinal no céu: um grande dragão, avermelhado como fogo. Tinha sete cabeças e dez chifres e, sobre as cabeças, sete diademas. Com a cauda, varreu a terça parte das estrelas do céu, atirando-as sobre a terra. O dragão parou diante da mulher que estava para dar à luz, pronto para devorar o seu filho, logo que ela o desse à luz. E ela deu à luz um filho homem, que veio para governar todas as nações com cetro de ferro. Mas o filho foi levado para junto de Deus e do seu trono. A mulher fugiu para o deserto, onde Deus lhe tinha preparado um lugar, para que aí fosse alimentada durante mil duzentos e sessenta dias" (Ap 12,1-6).

Reflexão

No ventre de Maria, o Eterno se fez Deus-conosco. Grande mistério. Imensa prova de Amor!

Oração final

"Ave, Maria, bendita de Deus, cheia de graça, Mãe de Jesus e nossa Mãe. O amor do Pai vos elegeu e vos quis como a nova Eva de ventre santo e fecundo, para nele gerar o Verbo encarnado, por obra do Espírito Santo. O Senhor fez em vós maravilhas e, por vossa obediência à vontade dele, desatastes o nó da desgraça que se abateu sobre o gênero humano, nó que foi atado pela desobediência de Eva. Pelo vosso sim, o céu e a terra se abraçaram. A esperança da salvação se fez certeza e Deus habitou entre nós."

A vós recorro, ó Virgem Maria, porque vossas mãos maternas se comprazem em desatar os nós que prendem e oprimem a vida dos vossos filhos e filhas, para vê-los mais perto do vosso Filho, abençoados e felizes.

Recebei, ó Mãe, a minha vida e contemplai, com misericórdia, quantos nós me prendem ao mundo, trazendo-me angústias e sofrimentos. São nós do passado e do presente (*apresentar os problemas – os "nós" – mais difíceis*).

Socorrei-me, ó Mãe Santíssima, pois meu ser deseja a paz que vem de Deus. Buscando o vosso auxílio, refaço o meu propósito de empenhar-me em viver como uma nova criatura, que proclama a glória de Deus pelas obras da fé e do amor.

Ouvi, ó Mãe, o meu clamor! Amém!

Creio-em-Deus-Pai, Pai-Nosso, Salve-Rainha, Ave-Maria, Glória...

QUARTO DIA
Desatadora dos Nós

Na pintura de Johann Schmittdner, um dos anjos entrega a Maria uma fita com nós grandes e pequenos, separados e juntos, apertados e frouxos, que simbolizam a nossa culpa original, os nossos deslizes do dia a dia, com suas consequências em nossa vida afetiva, familiar, profissional, política e comunitária.

Ao lhe dar a fita, o anjo dirige-se a Maria em forma de súplica: "Confiamos na vossa proteção, ó Mãe. Vós podeis nos ajudar. Desatai, pois, os nós desta vida".

Recorramos a Maria, repletos de confiança filial, entregando-lhe os nossos problemas e pedindo: "Ajudai-nos, ó Mãe, a desfazer os nós que não nos deixam crescer na santidade, porque impedem que as graças dispensadas por Deus frutifiquem e transformem nossa vida".

Invoquemos com fé Nossa Senhora Desatadora dos Nós para que nos livre de todos os males e aflições que nos escravizam e nos tornam infelizes, fazendo-nos experimentar a verdadeira liberdade que só seu Filho Jesus pode dar.

Oração inicial

Mãe cheia de graça, auxiliai-nos para que nossa fé seja sem fingimento e o nosso amor sem hipocrisia. Que nada e ninguém nos separe de Deus. Amém.

Leitura bíblica

"Então os apóstolos deixaram o monte das Oliveiras e voltaram para Jerusalém, à distância que se pode andar num dia de sábado. Entraram na cidade e subiram para a sala de cima onde costumavam ficar.

Eram Pedro e João, Tiago e André, Filipe e Tomé, Bartolomeu e Mateus, Tiago, filho de Alfeu, Simão Zelota e Judas, filho de Tiago. Todos eles perseveravam na oração em comum, junto com algumas mulheres – entre elas, Maria, Mãe de Jesus – e com os irmãos dele" (At 1,12-14).

Reflexão

Maria esperava em Deus. Ele a cobriu com sua sombra e dela recebeu o sim que seu amor esperava.

Oração final

"Ave, Maria, bendita de Deus, cheia de graça, Mãe de Jesus e nossa Mãe. O amor do Pai vos elegeu e vos quis como a nova Eva de ventre santo e fecundo, para nele gerar o Verbo encarnado, por obra do Espírito Santo. O Senhor fez em vós maravilhas e, por vossa obediência à vontade dele, desatastes o nó da desgraça que se abateu sobre o gênero humano, nó que foi atado pela desobediência de Eva. Pelo vosso sim, o céu e a terra se abraçaram. A esperança da salvação se fez certeza e Deus habitou entre nós."

A vós recorro, ó Virgem Maria, porque vossas mãos maternas se comprazem em desatar os nós que prendem e oprimem a vida dos vossos filhos e filhas, para vê-los mais perto do vosso Filho, abençoados e felizes.

Recebei, ó Mãe, a minha vida e contemplai, com misericórdia, quantos nós me prendem ao mundo, trazendo-me angústias e sofrimentos. São nós do passado e do presente (*apresentar os problemas – os "nós" – mais difíceis*).

Socorrei-me, ó Mãe Santíssima, pois meu ser deseja a paz que vem de Deus. Buscando o vosso auxílio, refaço o meu propósito de empenhar-me em viver como uma nova criatura, que proclama a glória de Deus pelas obras da fé e do amor.

Ouvi, ó Mãe, o meu clamor! Amém!

Creio-em-Deus-Pai, Pai-Nosso, Salve-Rainha, Ave-Maria, Glória...

QUINTO DIA
Os nós são desfeitos

Na referida pintura, outro anjo recebe das mãos de Maria a fita que cai livremente com os nós desfeitos. Significa uma vida nova, transformada, mergulhada na graça de Deus, refletindo toda a misericórdia e o poder libertador das mãos de Maria. O anjo tem um olhar que nos incita: "Vê o que ela fez. Olha o que Maria, por sua intercessão, pode fazer de novo. Confia nela! Deposita teus problemas e angústias nela!".

A nossa vida conhece revezes, inquietações, frustrações, tentações, solidão e infelicidade, porque nos julgamos capazes de desfazer, por nossas próprias forças, os nós que nos prendem.

Mas agora uma certeza nos invade: não estamos sós! Temos uma Mãe misericordiosa e solícita. Seu desejo é nos colocar mais perto do seu Filho Jesus. É Maria, a cheia de graça, a Desatadora dos Nós. A ela nos confiemos. Com ela caminhemos. E dela aprendamos a relativizar os apelos deste mundo e a ter um coração livre, para fazer de Deus o nosso tudo, o centro de nossa vida.

Oração inicial

Ó Mãe Desatadora dos Nós, ensinai-nos a amar as coisas simples da vida e a fazer de nossa existência o mesmo que fizestes: um dom para todas as pessoas que buscam em nós a presença de Deus. Amém.

Leitura bíblica

"Junto à cruz de Jesus, estavam de pé sua mãe e a irmã de sua mãe, Maria de Cléofas, e Maria Madalena. Jesus, ao ver sua mãe e, ao lado dela, o discípulo que ele amava, disse à mãe: 'Mulher, eis o teu filho!'. Depois disse ao discípulo: 'Eis a tua mãe!'. A partir daquela hora, o discípulo a acolheu no que era seu" (Jo 19,25-27).

Reflexão

Maria, rosto materno de Deus. Expressão da ternura do Pai.

Oração final

"Ave, Maria, bendita de Deus, cheia de graça, Mãe de Jesus e nossa Mãe. O amor do Pai vos elegeu e vos quis como a nova Eva de ventre santo e fecundo, para nele gerar o Verbo encarnado, por obra do Espírito Santo. O Senhor fez em vós maravilhas e, por vossa obediência à vontade dele, desatastes o nó da desgraça que se abateu sobre o gênero humano, nó que foi atado pela desobediência de Eva. Pelo vosso sim, o céu e a terra se abraçaram. A esperança da salvação se fez certeza e Deus habitou entre nós."

A vós recorro, ó Virgem Maria, porque vossas mãos maternas se comprazem em desatar os nós que prendem e oprimem a vida dos vossos filhos e filhas, para vê-los mais perto do vosso Filho, abençoados e felizes.

Recebei, ó Mãe, a minha vida e contemplai, com misericórdia, quantos nós me prendem ao mundo, trazendo-me angústias e sofrimentos. São nós do passado e do presente (*apresentar os problemas – os "nós" – mais difíceis*).

Socorrei-me, ó Mãe Santíssima, pois meu ser deseja a paz que vem de Deus. Buscando o vosso auxílio, refaço o meu propósito de empenhar-me em viver como uma nova criatura, que proclama a glória de Deus pelas obras da fé e do amor.

Ouvi, ó Mãe, o meu clamor! Amém!

Creio-em-Deus-Pai, Pai-Nosso, Salve-Rainha, Ave-Maria, Glória...

SEXTO DIA

Os nós da vida familiar

Na base inferior do quadro, revela-se ainda uma área escura, simbolizando as sombras que dominam a terra. Nessa escuridão, vê-se um homem sendo guiado por um anjo até o topo da montanha. Dizem que se trata do Arcanjo Rafael, que acompanha Tobias (personagem do Antigo Testamento) e o ajuda a encontrar Sara, sua esposa, escolhida por Deus. Isso significa que Maria, Desatadora dos Nós, intercede e concede inúmeras graças no casamento e promove a reconciliação dos casais.

Felizes os casais e as famílias que nos momentos de crise recorrem a Maria. Ela encheu de ternura o lar da Sagrada Família e pode assim também ajudar a recuperar a confiança, a restabelecer o diálogo e a refazer a ponte para o perdão nas famílias.

Quanto maiores forem os nós na vida familiar, maior deve ser a confiança do casal em abandonar-se nas mãos de Deus, buscando, pela intercessão de Maria, as maravilhas que o Senhor pode operar.

Oração inicial

Santa Maria, Mãe de Deus, rogai por nosso lar. Desatai os nós de nossa vida familiar, pois desejamos ser uma autêntica Igreja doméstica, cujo modo de viver seja inspirado na Sagrada Família de Nazaré. Amém.

Leitura bíblica

"Todos os anos, os pais de Jesus iam a Jerusalém para a festa da Páscoa. Quando completou doze anos, eles foram para a festa, como de costume. Terminados os dias da festa, enquanto eles voltavam, Jesus ficou em Jerusalém, sem que seus pais percebessem. [...] Depois de três dias, o encontraram no templo, sentado entre os mestres, ouvindo-os e fazendo-lhes perguntas. Todos aqueles que ouviam o menino ficavam maravilhados com sua inteligência e suas respostas. Quando o viram, seus pais ficaram comovidos, e sua mãe lhe disse: 'Filho, por que agiste assim conosco? Olha, teu pai e eu estávamos, angustiados, à tua procura!'. Ele respondeu: 'Por que me procuráveis? Não sabíeis que eu devo estar naquilo que é de meu Pai?'. Eles, porém, não compreenderam a palavra que ele lhes falou" (Lc 2,41-50).

Reflexão

"Maria, porém, guardava todas estas coisas, meditando-as no seu coração" (Lc 2,19).

Oração final

"Ave, Maria, bendita de Deus, cheia de graça, Mãe de Jesus e nossa Mãe. O amor do Pai vos elegeu e vos quis como a nova Eva de ventre santo e fecundo, para nele gerar o Verbo encarnado, por obra do Espírito Santo. O Senhor fez em vós maravilhas e, por vossa obediência à vontade dele, desatastes o nó da desgraça que se abateu sobre o gênero humano, nó que foi atado pela desobediência de Eva. Pelo vosso sim, o céu e a terra se abraçaram. A esperança da salvação se fez certeza e Deus habitou entre nós."

A vós recorro, ó Virgem Maria, porque vossas mãos maternas se comprazem em desatar os nós que prendem e oprimem a vida dos vossos filhos e filhas, para vê-los mais perto do vosso Filho, abençoados e felizes.

Recebei, ó Mãe, a minha vida e contemplai, com misericórdia, quantos nós me prendem ao mundo, trazendo-me angústias e sofrimentos. São nós do passado e do presente (*apresentar os problemas – os "nós" – mais difíceis*).

Socorrei-me, ó Mãe Santíssima, pois meu ser deseja a paz que vem de Deus. Buscando o vosso auxílio, refaço o meu propósito de empenhar-me em viver como uma nova criatura, que proclama a glória de Deus pelas obras da fé e do amor.

Ouvi, ó Mãe, o meu clamor! Amém!

Creio-em-Deus-Pai, Pai-Nosso, Salve-Rainha, Ave-Maria, Glória-ao-Pai...

SÉTIMO DIA

A devoção se propaga

A devoção a Nossa Senhora Desatadora dos Nós chegou com força e ternura à Argentina, na década de 1980. No Brasil, a devoção é muito recente e vem sendo carinhosamente propagada por meio dos centros de devoção em Campinas (São Paulo), no balneário de Búzios (Rio de Janeiro), nos estados de Minas Gerais e Ceará.

A primeira capela do mundo dedicada a Nossa Senhora Desatadora dos Nós foi inaugurada em setembro de 2000, na paróquia Sant'Ana, em Búzios, Rio de Janeiro.

Nossa Senhora Desatadora dos Nós não é apenas mais um título dado a Maria, mas sim uma forma de olhar e sentir a sua presença no meio do seu povo. É a Mãe do belo amor, que nunca hesita em vir em socorro dos seus filhos aflitos. É a Mãe de mãos solidárias, que, movida pelo amor divino, volve sempre o olhar misericordioso aos que a ela clamam e vê o emaranhado de nós que precisam ser desfeitos para honra e glória de Deus.

Oração inicial

Virgem Santíssima, enriquecei-nos com um pouco do vosso amor, para que amemos a Jesus como vós o amastes e, neste amor, amemo-nos também uns aos outros. Amém.

Leitura bíblica

"A minha alma engrandece o Senhor, e meu espírito se alegra em Deus, meu Salvador, porque ele olhou para a humildade de sua serva. Todas as gerações, de agora em diante, me chamarão feliz, porque o

Poderoso fez para mim coisas grandiosas. O seu nome é santo, e sua misericórdia se estende de geração em geração sobre aqueles que o temem. Ele mostrou a força de seu braço: dispersou os que têm planos orgulhosos no coração. Derrubou os poderosos de seus tronos e exaltou os humildes. Encheu de bens os famintos, e mandou embora os ricos de mãos vazias. Acolheu Israel, seu servo, lembrando-se de sua misericórdia, conforme prometera a nossos pais, em favor de Abraão e de sua descendência, para sempre" (Lc 1,46-55).

Reflexão

"O Todo-Poderoso fez para mim coisas grandiosas. O seu nome é santo" (Lc 1,49).

Oração final

"Ave, Maria, bendita de Deus, cheia de graça, Mãe de Jesus e nossa Mãe. O amor do Pai vos elegeu e vos quis como a nova Eva de ventre santo e fecundo, para nele gerar o Verbo encarnado, por obra do Espírito Santo. O Senhor fez em vós maravilhas e, por vossa obediência à vontade dele, desatastes o nó da desgraça que se abateu sobre o gênero humano, nó que foi atado pela desobediência de Eva. Pelo vosso sim, o céu e a terra se abraçaram. A esperança da salvação se fez certeza e Deus habitou entre nós."

A vós recorro, ó Virgem Maria, porque vossas mãos maternas se comprazem em desatar os nós que prendem e oprimem a vida dos vossos filhos e filhas, para vê-los mais perto do vosso Filho, abençoados e felizes.

Recebei, ó Mãe, a minha vida e contemplai, com misericórdia, quantos nós me prendem ao mundo, trazendo-me angústias e sofrimentos. São nós do passado e do presente (*apresentar os problemas – os "nós" – mais difíceis*).

Socorrei-me, ó Mãe Santíssima, pois meu ser deseja a paz que vem de Deus. Buscando o vosso auxílio, refaço o meu propósito de empenhar-me em viver como uma nova criatura, que proclama a glória de Deus pelas obras da fé e do amor.

Ouvi, ó Mãe, o meu clamor! Amém!

Creio-em-Deus-Pai, Pai-Nosso, Salve-Rainha, Ave-Maria, Glória...

OITAVO DIA

Rogai por nós, ó Maria!

Quando olhamos para a nossa vida, após um sério exame de consciência, damo-nos conta de que temos muito mais a agradecer do que a pedir. Deus é sempre generoso conosco, mais do que merecemos. É claro que também temos o que pedir, não apenas materialmente, mas, acima de tudo, espiritualmente, como bênçãos e graças que nos ajudem a vencer nossas limitações para crescermos na direção de Deus e dos irmãos.

Maria, por sua presença materna em nossa vida pessoal, familiar e comunitária, nos incentiva a confiar no poder amoroso de Deus, sempre exercido em favor dos seus filhos e filhas.

Como é bonita uma religião na qual os filhos têm Mãe e a ela podem recorrer, entregando-lhe suas dores, desafios, problemas, certos de que não ficarão no esquecimento. Pela intercessão da Mãe junto ao Pai, acreditam com todas as forças que suas preces encontrarão resposta. Essa Mãe é Maria, a desatadora de todos os nós que impedem nossa vida de rimar com a vontade de Deus. Temos um Pai que tudo pode e uma Mãe que pede por nós.

Oração inicial

Ó Virgem gloriosa e bendita, desatai em nossa vida os nós do comodismo e da insensibilidade, para que sejamos capazes de colocar a vontade de Deus acima da nossa e para que não caiamos na tentação de querer amá-lo sem amarmos os nossos irmãos. Amém.

Leitura bíblica

"Quando Isabel estava no sexto mês, o anjo Gabriel foi enviado por Deus a uma cidade da Galileia, chamada Nazaré, a uma virgem prometida em casamento a um homem de nome José, da casa de Davi. A virgem se chamava Maria. O anjo entrou onde ela estava e disse: 'Alegra-te, cheia de graça! O Senhor está contigo. [...] Não tenhas medo, Maria! Encontraste graça junto a Deus. Conceberás e darás à luz um filho, e lhe porás o nome de Jesus. Ele será grande; será chamado Filho do Altíssimo, e o Senhor Deus lhe dará o trono de Davi, seu pai. Ele reinará para sempre sobre a descendência de Jacó, e o seu reino não terá fim. [...] O Espírito Santo descerá sobre ti, e o poder do Altíssimo te cobrirá com a sua sombra. Por isso, aquele que vai nascer será chamado santo, Filho de Deus.

Também Isabel, tua parenta, concebeu um filho na sua velhice. Este já é o sexto mês daquela que era chamada estéril, pois para Deus nada é impossível'. Maria disse: 'Eis aqui a serva do Senhor! Faça-se em mim segundo a tua palavra'. E o anjo retirou-se de junto dela" (Lc 1,26-38).

Reflexão

Deus rompeu o véu da história. Agraciou Maria. E ela proclamou-se serva de sua santa vontade.

Oração final

"Ave, Maria, bendita de Deus, cheia de graça, Mãe de Jesus e nossa Mãe. O amor do Pai vos elegeu e vos quis como a nova Eva de ventre santo e fecundo, para nele gerar o Verbo encarnado, por obra do Espírito Santo. O Senhor fez em vós maravilhas e, por vossa obediência à vontade dele, desatastes o nó da desgraça que se abateu sobre o gênero humano, nó que foi atado pela desobediência de Eva. Pelo vosso sim, o céu e a terra se abraçaram. A esperança da salvação se fez certeza e Deus habitou entre nós."

A vós recorro, ó Virgem Maria, porque vossas mãos maternas se comprazem em desatar os nós que prendem e oprimem a vida dos vossos filhos e filhas, para vê-los mais perto do vosso Filho, abençoados e felizes.

Recebei, ó Mãe, a minha vida e contemplai, com misericórdia, quantos nós me prendem ao mundo, trazendo-me angústias e sofrimentos. São nós do passado e do presente (*apresentar os problemas – os "nós" – mais difíceis*).

Socorrei-me, ó Mãe Santíssima, pois meu ser deseja a paz que vem de Deus. Buscando o vosso auxílio, refaço o meu propósito de empenhar-me em viver como uma nova criatura, que proclama a glória de Deus pelas obras da fé e do amor.

Ouvi, ó Mãe, o meu clamor! Amém!

Creio-em-Deus-Pai, Pai-Nosso, Salve-Rainha, Ave-Maria, Glória...

NONO DIA

Os nossos muitos nós

A oração da Salve-Rainha nos ensina a recorrer a Maria: "... a vós suspiramos, gemendo e chorando neste vale de lágrimas. Eia, pois, advogada nossa, esses vossos olhos misericordiosos a nós volvei...".

Dentro de nós existe um anseio pela luz do céu e pela paz. É o choro pelos muitos nós que nos aprisionam e roubam aquela alegria santa a que temos direito.

Conhecemos o emaranhado de dificuldades que nos afligem e que sozinhos não somos capazes de desatar: amarguras, dores, ressentimentos, ódio, rejeição, solidão, depressão, abandono, traições, dívidas, vícios, medos e fracassos. Dificuldades essas que foram acarretadas por nós mesmos e também por mãos alheias.

Em Maria encontramos uma Mãe de amor solícito, sempre pronta a nos socorrer, desatando os nós de nossa vida e ajudando-nos a renascer para uma vida nova, na graça de Deus.

Salve, Maria, Rainha e Mãe Desatadora dos Nós!

Oração inicial

Ó Maria, Mãe amorosa e solidária, tomai em vossas benditas mãos os nossos nós e desatai o emaranhado de nossos problemas. Recorremos ao vosso auxílio porque acreditamos que o vosso amor materno não deixa ninguém desamparado. Amém.

Leitura bíblica

"Simeão tomou o menino Jesus nos braços e louvou a Deus, dizendo: 'Agora, Senhor, segundo a tua promessa, deixas teu servo ir em paz, porque meus olhos viram a tua salvação, que preparaste diante de todos os povos: luz para iluminar as nações e glória de Israel, teu povo. [...] Este menino será causa de queda e de reerguimento para muitos em Israel. Ele será um sinal de contradição – uma espada traspassará a tua alma! – e assim serão revelados os pensamentos de muitos corações'" (Lc 2,28-35).

Reflexão

O pedido do filho toca o coração da Mãe. E o pedido da Mãe enternece o coração do Pai.

Oração final

"Virgem Imaculada e bendita, vós sois a dispensadora universal de todas as graças e, como tal, sois a esperança de todos e a minha esperança também. Dou sempre graças ao meu Senhor que me fez conhecer-vos e compreender o meio de obter as graças para salvar-me. O meio sois vós, ó grande Mãe de Deus, porquanto sei que, principalmente pelos merecimentos de Jesus e pela vossa intercessão, me haveis de salvar. Ah! Minha Rainha! Vós que visitastes às pressas vossa prima Isabel para santificar sua casa, visitai, por quem sois, a pobre casa do meu ser. Apressai-vos; vós sabeis, melhor do que eu, quanto ela é pobre e enferma de muitos males, de afetos desordenados, de maus hábitos e dos pecados cometidos: males pestíferos que a querem levar à morte eterna. Vós podeis curá-la de todas as enfermidades.

Por vossa intercessão, eu acredito, ó Mãe, que todos os nós que me prendem nesta vida serão desatados e meu coração conhecerá a verdadeira liberdade dos filhos de Deus.

Rogai, pois, ó Maria, e recomendai-me a vosso Filho. Vós melhor do que eu conheceis as minhas necessidades. Mãe e Rainha dulcíssima, alcançai de vosso Filho Jesus as graças que sabeis mais convenientes e necessárias para mim" (Santo Afonso Maria de Ligório).

Creio-em-Deus-Pai, Pai-Nosso, Salve-Rainha, Ave-Maria, Glória...

Orações a Nossa Senhora Desatadora dos Nós

Na internet, encontramos inúmeros testemunhos de gratidão de devotos de Nossa Senhora Desatadora dos Nós por suas intercessões. São pessoas que, em palavras simples, mas autênticas e comoventes, relatam que, depois de rezarem a novena, tiveram resolvidos problemas que, muitas vezes, vinham se arrastando por anos a fio. Outras agradecem pela cura de doenças e vícios, pela conversão de familiares, pela gravidez que parecia impossível. E, por acreditarem na misericórdia da Mãe de Deus, continuam a rezar para que outros nós pessoais, de amigos e parentes, também sejam desfeitos.

Virgem Maria, Mãe do belo Amor,
Mãe que jamais deixa de vir
em socorro a um filho aflito,
Mãe cujas mãos não param nunca
de servir a seus amados filhos,
pois são movidas pelo amor divino
e a imensa misericórdia
que existem em teu coração,
volta o teu olhar compassivo sobre mim e vê
o emaranhado de nós que há em minha vida.
Tu bem conheces o meu desespero,
a minha dor e o quanto estou
amarrado por causa destes nós.
Maria, Mãe que Deus encarregou
de desatar os nós da vida dos seus filhos,
confio hoje a fita da minha vida em tuas mãos.
Ninguém poderá tirá-la do teu precioso
amparo.
Em tuas mãos não há nó
que não possa ser desfeito.
Mãe poderosa, por tua graça
e teu poder intercessor

junto a teu Filho e meu Libertador, Jesus,
recebe hoje em tuas mãos este nó
(apresentar o problema).
Peço-te que o desates para a glória de Deus
e por todo o sempre.
Tu és a minha esperança.
Ó Senhora minha,
és a minha única consolação dada por Deus,
a fortaleza das minhas débeis forças,
a riqueza das minhas misérias,
a liberdade, com Cristo, das minhas cadeias.
Ouve minha súplica. Guarda-me, guia-me,
protege-me, ó seguro refúgio!
Maria, Desatadora dos Nós, roga por mim.

Santa Maria, cheia da presença de Deus,
durante os dias de tua vida aceitaste
com toda a humildade a vontade do Pai.
Junto a teu Filho, intercedeste
por nossas dificuldades e,
com toda a paciência,
nos deste exemplo de como desenrolar
as linhas de nossa vida.
E, ao se dar para sempre como nossa Mãe,
pões em ordem e fazes mais claros
os laços que nos unem ao Senhor.
Santa Maria, Mãe de Deus e nossa Mãe,
tu que com coração materno
desatas os nós que entorpecem nossa vida,
te pedimos que recebas em tuas mãos
(citar a pessoa)
e que a(o) livres das amarras e confusões
que a(o) castigam,
Por tua graça, por tua intercessão,
com teu exemplo,
livra-nos de todo o mal, Senhora Nossa,

e desata os nós que impedem de nos
unirmos a Deus
para que, livres de toda confusão e erros,
o louvemos em todas as coisas,
coloquemos nele nosso coração
e possamos servi-lo
sempre através dos nossos irmãos.
Amém.

Virgem bendita, soberana Senhora
e Mãe dos pecadores.
Confio e recorro a tua proteção
neste momento de grande
aflição e angústia.
Querida Mãe toma-me sob a tua proteção
e sê consolo para o meu
coração pecador.
Maria Desatadora dos Nós,
fonte riquíssima de graças
e bondade, socorre-me.
Auxilia-me nos intrincados
problemas da minha vida,
Santa Esperança e sublime
Conselheira das Famílias.
Prostrado(a) aos teus pés,
venho suplicar-te ó Virgem Imaculada,
que desates os nós da minha vida
que tanto me flagelam...
(pedir a graça).
Refugio-me sob a tua imensa misericórdia
e abrigo-me sob o teu manto,

cheio(a) da mais viva confiança
de que serei atendido(a)
em minhas humildes súplicas.
Livra-me das tentações e alcança
o perdão dos meus pecados
junto a teu amado Filho Jesus.
Nunca me desampares,
mãe medianeira e intercessora.
Amém!

Nossa Senhora Desatadora dos Nós,
roga por nós.
Nossa Senhora Desatadora dos Nós,
desata os nós de nossas vidas.
Nossa Senhora Desatadora dos Nós,
atende aos nossos pedidos.

NOSSAS DEVOÇÕES
(Origem das novenas)

De onde vem a prática católica das novenas? Entre outras, podemos dar duas respostas: uma histórica, outra alegórica.

Historicamente, na Bíblia, no início do livro dos Atos dos Apóstolos, lê-se que, passados quarenta dias de sua morte na Cruz e de sua ressurreição, Jesus subiu aos céus, prometendo aos discípulos que enviaria o Espírito Santo, que lhes foi comunicado no dia de Pentecostes.

Entre a ascensão de Jesus ao céu e a descida do Espírito Santo, passaram-se nove dias. A comunidade cristã ficou reunida em torno de Maria, de algumas mulheres e dos apóstolos. Foi a primeira novena cristã. Hoje, ainda a repetimos todos os anos, orando, de modo especial, pela unidade dos cristãos. É o padrão de todas as outras novenas.

A novena é uma série de nove dias seguidos em que louvamos a Deus por suas maravilhas, em particular, pelos santos, por cuja intercessão nos são distribuídos tantos dons.

Alegoricamente, a novena é antes de tudo um ato de louvor ao Pai, ao Filho e ao Espírito Santo, Deus três vezes Santo. Três é número perfeito. Três vezes três, nove. A novena é louvor perfeito à Trindade. A prática de nove dias de oração, louvor e súplica confirma de maneira extraordinária nossa fé em Deus que nos salva, por intermédio de Jesus, de Maria e dos santos.

O Concílio Vaticano II afirma: "Assim como a comunhão cristã entre os que caminham na terra nos aproxima mais de Cristo, também o convívio com os santos nos une a Cristo, fonte e cabeça de que provêm todas as graças e a própria vida do povo de Deus" (*Lumen Gentium*, 50).

Nossas Devoções procura alimentar o convívio com Jesus, Maria e os santos, para nos tornarmos cada dia mais próximos de Cristo, que nos enriquece com os dons do Espírito e com todas as graças de que necessitamos.

Francisco Catão

Coleção Nossas Devoções

- *Os Anjos de Deus: novena* – Francisco Catão
- *Dulce dos Pobres: novena e biografia* – Marina Mendonça
- *Francisco de Paula Victor: história e novena* – Aparecida Matilde Alves
- *Frei Galvão: novena e história* – Pe. Paulo Saraiva
- *Imaculada Conceição* – Francisco Catão
- *Jesus, Senhor da vida: dezoito orações de cura* – Francisco Catão
- *João Paulo II: novena, história e orações* – Aparecida Matilde Alves
- *João XXIII: biografia e novena* – Marina Mendonça
- *Maria, Mãe de Jesus e Mãe da Humanidade: novena e coroação de Nossa Senhora* – Aparecida Matilde Alves
- *Menino Jesus de Praga: história e novena* – Giovanni Marques Santos
- *Nhá Chica: Bem-aventurada Francisca de Paula de Jesus* – Aparecida Matilde Alves
- *Nossa Senhora Aparecida: história e novena* – Maria Belém
- *Nossa Senhora da Cabeça: história e novena* – Mario Basacchi
- *Nossa Senhora da Luz: novena e história* – Maria Belém
- *Nossa Senhora da Penha: novena e história* – Maria Belém
- *Nossa Senhora da Salete: história e novena* – Aparecida Matilde Alves
- *Nossa Senhora das Graças ou Medalha Milagrosa: novena e origem da devoção* – Mario Basacchi
- *Nossa Senhora de Caravaggio: história e novena* – Leomar A. Brustolin e Volmir Comparin
- *Nossa Senhora de Fátima: novena* – Tarcila Tommasi
- *Nossa Senhora de Guadalupe: novena e história das aparições a São Juan Diego* – Maria Belém
- *Nossa Senhora de Nazaré: novena e história* – Maria Belém
- *Nossa Senhora Desatadora dos Nós: história e novena* – Frei Zeca
- *Nossa Senhora do Bom Parto: novena e reflexões bíblicas* – Mario Basacchi
- *Nossa Senhora do Carmo: novena e história* – Maria Belém
- *Nossa Senhora do Desterro: história e novena* – Celina Helena Weschenfelder
- *Nossa Senhora do Perpétuo Socorro: história e novena* – Mario Basacchi
- *Nossa Senhora Rainha da Paz: história e novena* – Celina Helena Weschenfelder

- *Novena à Divina Misericórdia* – Tarcila Tommasi
- *Novena das Rosas: história e novena de Santa Teresinha do Menino Jesus* – Aparecida Matilde Alves
- *Novena em honra ao Senhor Bom Jesus* – José Ricardo Zonta
- *Ofício da Imaculada Conceição: orações, hinos e reflexões* – Cristóvão Dworak
- *Orações do cristão: preces diárias* – Celina Helena Weschenfelder
- *Padre Pio: novena e história* – Maria Belém
- *Paulo, homem de Deus: novena de São Paulo Apóstolo* – Francisco Catão
- *Reunidos pela força do Espírito Santo: novena de Pentecostes* – Tarcila Tommasi
- *Rosário dos enfermos* – Aparecida Matilde Alves
- *Rosário por uma transformação espiritual e psicológica* – Gustavo E. Jamut
- *Sagrada Face: história, novena e devocionário* – Giovanni Marques Santos
- *Sagrada Família: novena* – Pe. Paulo Saraiva
- *Sant'Ana: novena e história* – Maria Belém
- *Santa Cecília: novena e história* – Frei Zeca
- *Santa Edwiges: novena e biografia* – J. Alves
- *Santa Filomena: história e novena* – Mario Basacchi
- *Santa Gemma Galgani: história e novena* – José Ricardo Zonta
- *Santa Joana d'Arc: novena e biografia* – Francisco de Castro
- *Santa Luzia: novena e biografia* – J. Alves
- *Santa Maria Goretti: história e novena* – José Ricardo Zonta
- *Santa Paulina: novena e biografia* – J. Alves
- *Santa Rita de Cássia: novena e biografia* – J. Alves
- *Santa Teresa de Calcutá: biografia e novena* – Celina Helena Weschenfelder
- *Santa Teresinha do Menino: novena e biografia* – Jesus Mario Basacchi
- *Santo Afonso de Ligório: novena e biografia* – Mario Basacchi
- *Santo Antônio: novena, trezena e responsório* – Mario Basacchi
- *Santo Expedito: novena e dados biográficos* – Francisco Catão
- *Santo Onofre: história e novena* – Tarcila Tommasi
- *São Benedito: novena e biografia* – J. Alves

- *São Bento: história e novena* – Francisco Catão
- *São Brás: história e novena* – Celina Helena Weschenfelder
- *São Cosme e São Damião: biografia e novena* – Mario Basacchi
- *São Cristóvão: história e novena* – Mário José Neto
- *São Francisco de Assis: novena e biografia* – Mario Basacchi
- *São Francisco Xavier: novena e biografia* – Gabriel Guarnieri
- *São Geraldo Majela: novena e biografia* – J. Alves
- *São Guido Maria Conforti: novena e biografia* – Gabriel Guarnieri
- *São José: história e novena* – Aparecida Matilde Alves
- *São Judas Tadeu: história e novena* – Maria Belém
- *São Marcelino Champagnat: novena e biografia* – Ir. Egídio Luiz Setti
- *São Miguel Arcanjo: novena* – Francisco Catão
- *São Pedro, Apóstolo: novena e biografia* – Maria Belém
- *São Peregrino daziosi* – Tarcila Tommasi
- *São Roque: novena e biografia* – Roseane Gomes Barbosa
- *São Sebastião: novena e biografia* – Mario Basacchi
- *São Tarcísio: novena e biografia* – Frei Zeca
- *São Vito, mártir: história e novena* – Mario Basacchi
- *A Senhora da Piedade: setenário das dores de Maria* –
  Aparecida Matilde Alves
- *Tiago Alberione: novena e biografia* – Maria Belém

Rua Dona Inácia Uchoa, 62
04110-020 – São Paulo – SP (Brasil)
Tel.: (11) 2125-3500
paulinas.com.br – editora@paulinas.com.br
Telemarketing e SAC: 0800-7010081